$L^{27}_n. 10429.$

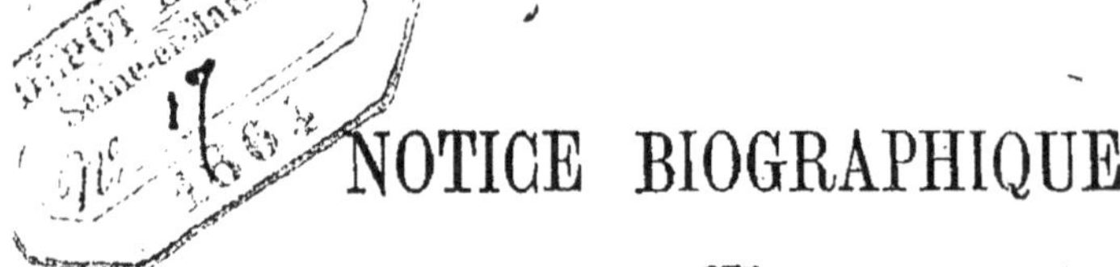

NOTICE BIOGRAPHIQUE

SUR

JOUX Charles-Amédée

Docteur en Médecine et Docteur en Chirurgie
à La Ferté-Gaucher,

Par DESBOEUF,

Médecin à Faremoutiers,
Membre Rapporteur du Bureau de l'Association médicale de l'arrondissement
de Coulommiers (Seine-et-Marne),

LUE DANS LA SÉANCE DU 4 MAI 1863.

Messieurs et chers Collègues,

La mort fauche sans relâche dans nos rangs et choisit ses vic-
times parmi nos meilleurs! A chaque pas, nous laissons un des
nôtres! Nous restons un instant sans nous voir et nous ne nous
retrouvons plus!

Qu'il est douloureux de voir disparaître tout à coup, à nos côtés,
un confrère, un ami, dont nous croyions ne jamais voir la tombe!

Nous sommes tous tributaires de la mort; mais, parmi nous, ne
dirait-on pas qu'elle semble réserver ses coups exclusivement pour
ceux que vous avez revêtus de votre confiance et que l'honneur de
siéger à votre bureau n'est pas sans péril? Depuis la fondation de
notre société, un Rapporteur, trois Trésoriers nous ont été ravis
dans toute la force de l'âge!

Par un effet de votre bienveillance, vous m'avez appelé à vous
retracer le mérite et les qualités des membres que nous avons la
douleur de perdre. Je cherche mes titres à vos suffrages, moi, l'un
des plus humbles! car combien parmi vous de plus habiles, de
plus savants, auraient su, mieux que moi, traiter un sujet si fécond
et si riche, l'élever à la hauteur de leur pensée, le revêtir du
charme de l'expression et combler votre attente! Je ne puis,
messieurs, me défendre d'une vive émotion en songeant à l'homme
si regrettable dont je dois vous entretenir, et d'une crainte extrême
de rester au-dessous de ma tâche en me rappelant le noble langage, les paroles si bien senties, prononcées sur la tombe qui a
reçu ses restes mortels! Que pourrais-je vous dire aujourd'hui?...

ma voix peut-elle être autre chose qu'un écho affaibli des sentiments qui vous ont été si bien exprimés alors? Mais vous m'avez
donné jusqu'ici trop de marques certaines de votre indulgence,
mes chers collégues, pour que vous ne me l'accordiez pas cette
fois encore, et j'ose y compter.

Joux, Charles-Amédée, naquit à La Ferté-Gaucher, en mars
1812, d'honorables commerçants. Tout jeune encore, il apportait
une extrême attention aux leçons de ses maîtres et montrait une
grande ardeur pour l'étude. Ces heureuses dispositions engagèrent
ses parents à le placer au collége de Meaux où il parcourut toutes
ses classes avec distinction.

En 1830, ses études terminées, le collégien dût rentrer au sein
de sa famille. Mais que va-t-il faire? dans quelle carrière va-t-il
s'engager? Joux avait un éloignement invincible pour toute occu-
pation autre que l'étude; il s'y sentait entraîné par un penchant
irrésistible. Il est des hommes qui reconnaissent comme par ins-
tinct l'objet que la nature leur destine, et Joux était de ce nombre:
son esprit juste ne pouvait l'égarer, il pressentait son aptitude.

Depuis longtemps déjà ses parents, à son insu, le destinaient au
commerce; ils le pressaient vivement alors de céder à leur désir.
Il fallait opter. Faire le sacrifice de sa vocation ou résister aux
injonctions de sa famille : pénible alternative!... Cependant, il
prit vite son parti. Il devait se tourner vers une profession indé-
pendante; mais surtout vers celle qui lui permettrait de mettre en
application les généreux instincts de sa nature. Son esprit obser-
vateur, curieux, avide de savoir, avait besoin d'un champ vaste,
d'un horizon illimité pour se donner carrière. La médecine lui
offrait le double attrait du cœur et de l'esprit. Par elle, il lui serait
loisible d'acquérir des connaissances positives qu'il pourrait consacrer au soulagement de ses semblables.

Il se fera médecin. Mais ce ne fut pas sans le déplorer amère-
ment qu'il causa ce premier chagrin à sa mère, qui, dans sa pré-
voyante sollicitude, redoutait de lui voir embrasser une profession
libérale. Plein de cette confiance en lui-même qu'inspire la jeunesse, certain de réussir, Joux espérait bientôt désarmer cette oppo-
sition d'un moment; car une mère, pensait-il, n'est jamais insen-
sible aux succès de son fils, alors même que ces succès sont obtenus
contre son gré.

Il vint donc à Paris au commencement de 1831. A peine arrivé,
il se mit au travail avec une ardeur et une persévérance que devait
bientôt couronner le succès. Dès 1832, il appartint à l'école pratique où ses progrès furent si rapides que l'année suivante, il fut
signalé, par le doyen Orfila, comme l'un des meilleurs élèves de
cette école. Ce témoignage flatteur fut pour le jeune étudiant un
encouragement qui ne fit qu'accroître son zèle pour l'étude et son
goût pour l'observation.

Cependant, les circonstances le forcèrent d'interrompre ses cours

pour quelques mois. En cette année 1832, la première épidémie
de choléra qui sévit si cruellement sur la population parisienne,
vint fournir à Joux l'occasion de hâter son début dans la pratique,
comme élève attaché à une ambulance du onzième arrondissement.
Improvisé médecin par la nécessité, il était à peine engagé dans le
corps médical militant, que son père, effrayé de le voir séjourner
au centre du foyer de contagion, le rappelait à La Ferté ; mais
voulant faire ses preuves et cédant d'ailleurs aux inspirations
natives de son cœur, malgré cet appel pressant et réitéré, le jeune
praticien ne crut pas devoir obtempérer au désir de ses parents.
Abandonner son poste dans un pareil moment lui semblait une
lâche désertion dont se révoltait son âme généreuse. Il aurait cru
son honneur compromis et se serait jugé indigne de la noble profession à laquelle il aspirait de tous ses vœux si son courage eût
défailli en face du péril. Nouvelle recrue, il affronta les fatigues et
les dangers avec l'ardeur téméraire de son âge et le sang-froid d'un
vétéran de la profession. Faisant abnégation entière de lui-même
pendant cette funèbre période, le poste le plus difficile était celui
qu'il recherchait de préférence. Enfin, son zèle et son dévouement
furent à la hauteur des circonstances et vraiment des plus dignes
d'éloges.

C'est ainsi, messieurs, que déjà Joux préludait à cette vie d'activité qu'il devait déployer plus tard dans le cours de sa carrière
médicale.

En témoignage de sa belle conduite, deux lettres lui furent adres-
sées, l'une par le maire, l'autre par l'adjoint, pour le féliciter et le
remercier chaleureusement des secours qu'il avait prodigués à leurs
administrés.

L'épidémie apaisée, il reprit le cours de ses travaux avec une
assiduité telle que dès le mois de juin 1835, âgé seulement de
vingt-trois ans, il soutenait brillamment sa thèse pour l'obtention
du doctorat en médecine.

Quatre années lui avaient suffi pour conquérir son diplôme.

On tomberait dans une grande erreur si, du peu de temps que
Joux mit à terminer ses études médicales, on prétendait induire
qu'elles durent être superficielles : elles furent, au contraire, aussi
complètes que solides. Grâce à l'économie et au bon emploi de son
temps, à son amour de la science, à sa rare aptitude servie par une
intelligence peu commune, il avait acquis dans son art la somme
d'instruction largement suffisante pour devenir un praticien habile.

Il alla d'abord se fixer à Danjeau, dans les environs de Chartres ;
et là, il eut bientôt la bonne fortune de voir son mérite apprécié
à sa juste valeur ; mais à la voix de sa mère malade, qui ressentait
le besoin de combler le vide que faisait autour d'elle l'absence de
son fils aîné, il n'hésita pas un instant à faire le sacrifice d'une
nombreuse clientèle et des relations confraternelles les plus

agréables, pour accourir lui apporter les soins et les consolations que reclamait son état de souffrance.

Quant à lui, ce ne fut pas sans éprouver une vive émotion qu'il rentra dans sa ville natale, auprès d'un frère qu'il chérissait et d'une famille heureuse de le posséder. L'accueil qu'il reçut de ses concitoyens fût tel qu'il dût s'applaudir de sa résolution ; d'ailleurs, il retrouvait là ses amis d'enfance, ses souvenirs de jeunesse, la tombe de son père, enfin tout ce qui rappelait à son âme les jours où la vie n'a que des joies et des espérances !

Pendant les quelques années qui venaient de s'écouler, son amour pour l'étude ne s'était pas ralenti; il avait consacré toutes les heures de loisir que lui laissait l'exercice de son art, à agrandir le cercle de ses connaissances. Les œuvres des grands maîtres lui étaient devenues familières; il avait puisé à ces sources pures le complément de l'instruction spéciale qui était son but : chez lui l'expérience avait devancé l'âge.

Dans ces conditions, la clientèle ne se fit pas longtemps attendre. Jeune, plein d'activité et de dévouement, ses premiers pas furent marqués par des succès, et il se conquit bientôt une réputation méritée.

L'étendue de ses connaissances en médecine et dans les sciences naturelles, son talent incontestable, semblaient devoir l'appeler à se fixer dans une grande ville. Sa position de fortune d'ailleurs lui permettait de tenter l'exercice de son art dans une sphère d'action plus large et qui pût fournir à son esprit chercheur et sagace, l'occasion d'observer chaque jour des cas pathologiques curieux au point de vue de la science pratique; mais, exempt d'ambition, il ne se laissa pas séduire par l'appât d'une position brillante. Avec son sens droit, il n'ignorait pas, qu'en médecine surtout, si le talent est un élément de succès, le savoir-faire est un auxiliaire qui ne l'emporte que trop souvent sur le mérite réel. Il préféra se livrer à ses goûts simples et studieux et consacrer son savoir si varié au bien-être moral et matériel des habitants de sa contrée.

Exemple de philosophie, de sage modération qui de nos jours mérite bien d'être loué !

Je ne vous signalerai, messieurs, aucun fait à l'honneur de notre confrère. Imitant sa réserve, je passerai sous silence les cas nombreux dans lesquels le praticien montra qu'il joignait à une remarquable rectitude de jugement, une rare sûreté de diagnostic et une grande habileté opératoire. D'ailleurs, ses succès sont tellement notoires et se recommandent si bien d'eux-mêmes qu'il serait superflu de les relater ici.

Mais Joux sut être utile à plus d'un titre à ses concitoyens. En 1848, dans un moment d'effervescence politique, alors que les passions populaires grondaient sur la place publique et créaient des embarras à l'exercice du pouvoir municipal, il fut désigné pour remplir les fonctions d'adjoint. L'autorité administrative supérieure, qui connaissait la loyauté, la modération et la noblesse de son caractère, n'hésita point à l'investir de sa confiance et il prouva qu'il en était digne. Bientôt sa tâche devint plus ardue. Le maire étant décédé, notre confrère resta seul chargé du fardeau de l'administration locale. S'emparant alors d'une main ferme de la direction des affaires, son courage ne faiblit pas un instant au milieu des obstacles qu'il eut à surmonter pour conduire à bonne fin l'œuvre entreprise du salut commun. Animé de la noble ambition d'être utile à ses concitoyens, tous ses arrêtés furent empreints d'un sentiment de justice et de sévère probité qui lui concilièrent l'estime et l'affection des gens de bien.

Cependant, il faut le dire, dans sa gestion administrative, il rencontra des ennemis : les positions officielles en suscitent toujours ; mais c'est surtout en temps de révolution que l'on voit les inimitiés personnelles se produire sous le voile du dissentiment politique. Tout homme doué de qualités éminentes a son cortége d'envieux et Joux eut les siens. Ils ne se bornèrent pas à contester sa capacité comme administrateur, ils lui dénièrent encore la chose la moins contestable, son talent professionnel. Sans sortir de la modération habituelle de son caractère, il n'opposa qu'un silence digne aux clameurs de ses adversaires, et, loin de se laisser détourner de la voie qu'il s'était tracée, il marcha résolument au but qu'il voulait atteindre : le maintien de l'ordre et de la tranquillité dans sa ville.

Les jours d'épreuve traversés, certain de n'avoir suivi que les inspirations de sa conscience et heureux d'avoir pu faire quelque bien dans le poste qui lui avait été confié, il crut sa tâche remplie et se démit de ses fonctions, emportant l'estime de lui-même et pouvant revendiquer celle de ses concitoyens.

Quelques mois plus tard, sur la présentation de la commission administrative, il fut nommé médecin de l'hospice de La Ferté-Gaucher.

Joux accueillit avec gratitude cette marque de confiance et de sympathie ; car rien ne pouvait lui être plus doux que cette récompense qui lui offrait les moyens de se rendre utile ; mais chargé de nouveaux devoirs et pénétré de la responsabilité qui lui incombait, il voulut donner à ses concitoyens la garantie d'un nouveau titre qui justifiât sa nomination. Peut-être encore entrait-il dans sa pensée de montrer combien étaient injustes et peu fondés les reproches et les calomnies de ceux qui osaient nier la valeur et la solidité de ses études médicales. Aussi allait-il répondre à leurs perfides allégations de la façon la plus péremptoire et la plus victorieuse.

Avec une ardeur toute juvénile il se mit à étudier particulièrement l'art chirurgical, et, en décembre 1852, il soutenait avec distinction, une thèse pour l'obtention du doctorat en chirurgie. Ce travail remarquable lui valut une lettre de remercîment bien précieuse et dont il dût s'honorer, de la part du savant M. Davenne, directeur de l'assistance publique.

Désormais le talent de Joux ne pouvait plus être contesté. En accumulant les preuves de l'étendue et de la variété de ses connaissances professionnelles, il n'entrait certes pas dans sa pensée de s'en glorifier ; mais il se devait à lui-même de réfuter les insinuations malveillantes dont il avait été l'objet, insinuations qui ne tendaient à rien moins qu'à ébranler la confiance de ses clients, et vous savez tous combien nos soins, seraient souvent inefficaces sans ce puissant auxiliaire.

Si Joux prit ce nouveau grade ce ne fut pas non plus dans le but d'étendre sa pratique médicale, car à peine eut-il conquis ce haut titre scientifique qu'on le vit la restreindre. Sa confortable aisance pouvant suffire amplement à ses goûts modestes et lui permettre encore de se livrer à son penchant pour la bienfaisance, il eut la rare sagesse d'abandonner à ses confrères plus jeunes, une grande partie de sa clientèle. Il se borna dès lors au service de son hospice, à celui de quelques clients de choix dont il était autant l'ami que le médecin et aux consultations auxquelles l'appelaient ses confrères, des environs, dans les cas graves et difficiles. Mais bien qu'il ne prît plus une part aussi active à la vie de labeur du patricien rural, son cabinet n'en resta pas moins ouvert et d'un facile accès à l'indigent.

Quoiqu'il eût fixé des bornes à sa clientèle, Joux n'avait rien perdu de son activité première. L'habitude du travail intellectuel était un besoin de sa nature ; il lui fallut donner un autre aliment à son esprit avide de science. Nous allons le voir se livrer à de nouvelles études, mais cette fois, ce n'est pas le champ médical qu'il va explorer.

Quand l'idée d'une recherche surgissait en lui, il ne se demandait pas si elle lui serait profitable ; il s'y adonnait tout entier et poursuivait l'accomplissement de la tâche qu'il s'était imposée avec cette constance de volonté qui est le caractère distinctif des hommes nés pour la science.

Ayant acquis dans le département de la Marne des terres froides et presque stériles, il résolut de les rendre productives ; mais il ne voulut devoir son succès qu'à lui-même. Pour atteindre ce but il va se faire agriculteur.

Esprit sérieux en toutes choses, ce n'est qu'après avoir observé de près les divers systèmes agronomiques actuellement préconisés, qu'il se mit à l'œuvre. Il alla demander à l'Angleterre, le pays pratique par excellence, les secrets de sa riche culture. Dans un séjour de quelques mois, il parcourut les comtés les plus renommés pour leurs productions agricoles et leurs magnifiques prairies artificielles. Comparant sur les lieux mêmes les divers procédés mis en usage, il sut bientôt apprécier toute la valeur de la méthode anglaise et se la rendre familière.

A peu près vers la même époque il alla séjourner quelque temps en Normandie pour s'initier également à la culture de cette contrée et puiser auprès des éleveurs de bestiaux des notions qu'il se promettait d'utiliser dans son exploitation. Il fit encore plusieurs autres voyages dans le but de perfectionner ses connaissances en agriculture.

A son retour, riche d'observations, il étudia la constitution géologique du sol qu'il voulait améliorer. S'écartant du sentier de la routine il fit faire sous sa direction et sous ses yeux, des travaux de drainage et d'assainissement et se procura les engrais qu'il jugeait propres à fertiliser ses terres. Sa fumure d'os et de chiffon fit bien un peu sourire les paysans qui partout sont fils de Saint Thomas à l'endroit du progrès. Ils affirmaient que l'expérience n'aboutirait pas, et que, quoiqu'il fît, leur voisin, le savant, comme ils l'appelaient ironiquement, n'obtiendrait de ses terres ingrates que des récoltes étiolées et rachitiques. Joux supporta stoïquement leurs railleries et leurs sarcasmes. Il savait que dans le monde qui l'observait, l'art de faire le bien n'est pas sans difficultés ; que le sort des novateurs est d'être incompris et que rien n'est plus malaisé que d'affranchir l'ignorance du lourd tribut qu'elle paie à l'erreur. Mais où serait le mérite de l'initiative si le succès devait s'obtenir sans efforts ? Il ne se découragea point, sûr qu'il était de convaincre ces incrédules et de les convertir à la science. En effet, il réussit au delà de ses espérances. Dès la première année, les résultats furent admirables et admirés, si non enviés, par ceux là même qui naguère traitaient ses innovations d'utopie. Quand ils virent ces terres où jusque là les mauvaises herbes étouffaient le bon grain, qui n'avaient donné que des plantes maigres et rabougries, se couvrir de produits riches et plantureux, de céréales incomparables avec celles des propriétés voisines ; ils convinrent que le savant avait trouvé la solution du problème. En présence d'une démonstration aussi évidente, ils ne purent nier l'excellence de sa méthode, et bientôt, s'inspirant de ses conseils et de son expérience on les vit la mettre en pratique.

Si Joux réussissait ainsi dans toutes ses entreprises, c'est qu'il ne s'y livrait pas aveuglément. Études, fatigues, sacrifices de temps et d'argent, rien ne lui coûtait pour en assurer le succès ; et ce succès, messieurs, fait honneur au corps médical ; il prouve à tous que le médecin à l'aide de ses connaissances en physiologie est apte à poursuivre le progrès dans toutes les sciences naturelles et qu'il peut devenir un agriculteur habile.

Notre confrère n'a-t-il pas rendu le plus important service à la classe agricole de sa contrée en lui démontrant que par l'application des procédés de la science moderne, on peut féconder le sol le plus ingrat et en tirer une source de richesse qui ne doit plus tarir ?

Quel enseignement plus utile en effet, que celui qui a pour but d'augmenter le bien être matériel et moral de l'agriculteur et de le conduire à l'aisance par le travail ?

Les découvertes scientifiques seraient une lettre morte si, demeurant à l'état de spéculation, des hommes d'initiative, animés de l'esprit de progrès, ne se dévouaient à les mettre en pratique et ne s'en faisaient les vulgarisateurs. Telle fût, messieurs, la tâche que sut accomplir notre savant confrère.

Honneur à ce vaillant pionnier du progrès agricole !

Pour prouver la valeur de ses travaux, permettez-moi de vous rappeler les applaudissements et les récompenses qu'ils lui valurent.

En 1855, M. le Préfet de la Marne en lui accusant réception de sa brochure sur le drainage lui disait : — « qu'elle est l'œuvre « d'un homme pratique, qu'elle est écrite avec une précision et une « clarté qui la mettent à la portée de tous les agriculteurs et paraît « appelée à leur rendre de véritables services. »

En 1856, le comice agricole de la Marne décerne à Joux une médaille de bronze et une médaille d'argent, comme récompense de son guide pratique en matière de drainage, de marnage etc., et de ses travaux utiles.

En 1857, M. le Préfet de Seine-et-Marne l'informait que ses travaux sur le drainage avaient été l'objet d'une mention honorable au concours qui eut lieu à Melun le 17 mai de la même année.

Enfin le 1er septembre 1858, le comice agricole central de la Marne lui décernait la médaille d'or — qui le mettait hors de concours — pour les améliorations importantes qu'il avait introduites dans la culture de ses terres situées à Villeneuve-la-Lyonne, canton d'Esternay.

Vers la même époque il fut nommé membre du conseil d'hygiène publique et de salubrité de sa ville et membre de la société d'agriculture de l'arrondissement de Coulommiers.

Joux, qui du reste ne tirait aucunement vanité de ces témoignages publics de son mérite, était arrivé à cette période de la vie où l'autorité du savant prend un caractère plus imposant, où les forces intellectuelles sont à leur apogée sans rien perdre encore de leur souplesse. Restreignant ses vœux à jouir en paix du fruit de l'expérience acquise, s'arrangeant une existence selon ses goûts, il pouvait espérer de l'achever dans le bien-être et la considération à laquelle il avait droit. Vaine illusion ! Sa part de bonheur était épuisée. L'avenir que Dieu lui réservait, quoique très borné, devait le soumettre à une cruelle épreuve. Il allait être atteint dans l'une de ses plus vives et plus chères affections.

Un soir, il est appelé auprès de son frère qui vient d'être frappé d'un coup aussi terrible qu'imprévu. Il s'y rend en toute hâte. En présence de ce frère qu'il trouve inanimé, Joux impose silence à toutes les voix de son cœur brisé, et, s'armant de ce courage qui puise sa force dans le sentiment du devoir, ne laisse voir que le médecin. Il se prodigue, il met en œuvre toutes les ressources de son art, il fait des efforts surhumains pour ranimer cette vie si chère ; mais hélas ! vainement ! cette consolation suprême lui est refusée. L'impitoyable mort l'avait devancé ; elle avait été foudroyante. Il ne peut que constater la perte irréparable qu'il vient de faire. C'est alors que sa fermeté l'abandonne, que son courage le cède à l'abattement et que le médecin redevenu frère, donne un libre cours à sa douleur.

Est-il en effet, une souffrance comparable à celle que nous éprouvons en face de notre impuissance, lorsque nous nous voyons aux prises avec une de ces affections formidables dont nous ne pouvons conjurer les suites funestes, et qui, soudainement nous ravit un fils, un frère, une épouse? Douleur inénarrable! combien il faut à l'homme de force d'âme et de résignation pour supporter cette rude épreuve et s'incliner devant la volonté suprême!

Je n'essaierai pas messieurs, de vous décrire la scène navrante, qui se passa dans cette demeure plongée en quelques instants dans le deuil et la désolation, là où, quelques minutes plus tôt, régnaient la joie et le bonheur dans une réunion de famille.

Sans doute, c'est notre sort commun à tous de connaître les séparations dernières ; mais un frère si tendremeht aimé, dont il avait soutenu et guidé les premiers pas, à qui longtemps il avait tenu lieu de père ; le perdre subitement dans la force de l'âge alors que l'avenir semblait leur promettre de marcher de longues années encore côte à côte dans la vie, et que d'après les lois de la nature il devait le précéder dans la tombe!... Quel coup déchirant pour lui.... quel deuil pour son âme!!!...

Ces deux hommes si étroitement unis, habitués à vivre dans une communauté intime de pensées, ayant les mêmes goûts, les mêmes aspirations, partageant les mêmes joies, souffrant des mêmes peines ; frères enfin par le cœur et l'intelligence comme ils l'étaient par le sang ; pouvaient ils être séparés si prématurément sans que le cœur du survivant ne saignât d'une blessure que le temps est impuissant à cicatriser ?...

Après cette perte cruelle, ses jours furent assombris par une tristesse invincible. Rien ne put combler le vide immense qui l'entourait. Vainement ses amis redoublaient de soins affectueux et cherchaient à le distraire de sa douleur : il semblait s'y complaire. Une lassitude morale enchainait sa volonté, le travail lui était devenu sans attrait ; les plus amères pensées venaient l'assaillir et le décourager. Dès lors le cachet d'une affliction profonde est empreint sur ses traits, le sourire s'en efface et l'on y peut lire le *tædium vitæ* des cœurs dévastés d'espérance !

C'est en ces jours d'amers regrets et de douloureux souvenirs que lui vint le pressentiment de sa fin prochaine et qu'il nourrit la désolante pensée qu'il était destiné à être frappé du même coup qui lui avait inopinément ravi son malheureux frère.

Toutefois, cédant enfin à la pressante sollicitude de sa famillle et de ses amis, et s'inspirant des conseils de sa raison, il s'efforça pour se dérober à l'accablement sous le poids duquel il succombait, de reprendre ses travaux intellectuels ; il savait que l'étude est l'asile le plus sûr contre les chagrins de l'âme ; mais ce ne fut pas sans lutte qu'il parvint à sortir de la torpeur morale qui l'étreignait ; et quoiqu'il parût y réussir, il portait néanmoins en lui le germe de destruction qui minait sourdement son existence et devait la clore prochainement.

Vous l'avez vu, messieurs, l'an dernier, assis à vos côtés. Heureux de se retrouver parmi nous, une joie douce remplaçait sa tristesse habituelle. Bien que sa gaieté fut moins expansive que de coutume, nous devions croire que le temps qui apaise toutes les douleurs, avait enfin calmé la sienne et que la résignation était entrée dans son âme.

Il rédigeait alors un mémoire pour concourir au prix accordé par l'Académie de médecine à l'auteur de la plus utile découverte chirurgicale et se livrait à ce travail avec l'ardeur fiévreuse que donne l'espoir du succès. A voir l'empressement avec lequel il poursuivait sa tâche, on eût dit qu'il craignait que le temps ne lui manquât. Hélas ! ses prévisions ne le trompaient pas : ses heures étaient comptées ! Il ne lui fut pas donné d'achever cette œuvre savante à laquelle il attachait d'autant plus de prix, que par elle il espérait rendre un véritable service à l'humanité.

Ainsi qu'il l'avait souvent prédit, il succomba, comme son frère, à une attaque d'apoplexie pulmonaire. Ce fut le 24 juillet 1862. Il n'avait que cinquante ans! Dans ces derniers temps, nous l'avons déjà dit, Joux n'avait cessé d'être obsédé du pressentiment sinistre que telle serait sa fin. Mais chose aussi remarquable qu'étrange ! le 23 juillet dernier, au moment où venant d'apprendre que le curé de Saint-Barthélemy était tombé sur les degrés de l'autel même, foudroyé par une hémorrhagie pulmonaire, il dit en présence des personnes qui lui rapportaient ce fait : *Voilà la mort qui m'est réservée!* Quelques heures plus tard, il n'était plus!!! Dernière et triste preuve, hélas! trop évidente, de sa sagacité en matière de diagnostic.

Vous savez, messieurs, de quelle consternation fut saisi le corps médical de notre arrondissement quand tout à coup se répandit la nouvelle de la mort de Joux et combien elle fit naître de douloureux regrets : elle fut connue avant sa maladie. Elle avait été si soudaine qu'aucun confrère, aucun ami, ne put ni le secourir, ni assister à ses derniers moments. Rien ne put être tenté pour conserver ses jours. Qui d'entre nous, cependant, n'eût tout quitté pour porter, sinon les secours de son art, hélas ! trop impuissants, du moins, quelques consolations à l'ami, au collègue que nous étions heureux de posséder parmi nous, et qui, par son caractère autant que par son talent, était un des ornements de notre société ?

Ceux de nous qui l'ont accompagné jusqu'à sa dernière demeure pourront vous dire l'impression pénible dont la ville était frappée. La douleur publique se manifestait de toutes parts... La tristesse se lisait sur tous les visages. On ne s'abordait que silencieusement, et pour s'entretenir de la perte qu'on venait de faire. Chacun payait son tribut d'éloges à l'homme bienfaisant, au citoyen dévoué, au praticien habile. Un nombre considérable d'amis, de confrères, d'habitants de la ville et des campagnes étaient accourus se joindre à la famille pour saluer d'un dernier adieu cet homme justement regretté et lui rendre les derniers devoirs.

Vous n'avez point oublié, messieurs, avec quelle pieuse attention la foule qui se pressait autour de son cercueil, recueillit les paroles nobles et touchantes prononcées par notre honorable secrétaire. Dictées par le cœur, tous les cœurs les comprirent et furent saisis d'une émotion profonde, tant la vérité a d'empire sur les âmes! En ce moment solennel, pas un œil qui ne fut obscurci par des larmes! Et ces larmes que toute une ville vient répandre sur la tombe d'un de ses enfants, sont un éclatant témoignage de l'amour et de la gratitude que notre confrère avait su mériter, en même temps qu'une sorte de consolation pour sa famille, s'il pouvait être un adoucissement à l'irréparable!

De tels hommages sont la plus belle couronne qui se puisse déposer sur la tombe d'un homme de bien.

Messieurs, il me reste à remplir la tâche la plus difficile du biographe, celle de vous retracer le portrait du savant confrère dont j'ai esquissé la vie active. Si la ressemblance n'est pas exacte, si je ne parviens à la reproduire fidèlement, n'en accusez que mon impuissance. J'ai assez connu M. Joux pour apprécier la valeur de son mérite, et, je puis le dire, un penchant sympathique m'entraînait vers lui; mais étranger à sa vie privée, j'ai dû recourir à l'obligeance de personnes qui avaient vécu dans son intimité, et j'ai puisé mes notions aux sources les plus respectables et les plus pures.

Vous vous rappelez cette figure souriante, ce regard affectueux, cette aménité parfaite, cette franchise de langage, enfin cette rondeur de formes qui prévenait en sa faveur et lui conciliait l'estime et l'amitié de tous ses confrères.

Joux était un homme d'ordre, de goûts simples, d'une sobriété exemplaire, d'un abord facile et engageant, charmant d'abandon et de bonhomie, obligeant de la façon la plus généreuse et la plus spontanée, renfermant sa vie dans un cercle étroit d'amis dont il était chéri pour l'égalité de son caractère, pour l'agrément et la solidité de son esprit, son commerce doux et facile et ses heureuses qualités.

Il montra toujours dans nos séances un grand esprit de sagesse et d'équité. Doué d'un sens droit, d'une logique serrée, il allait au but par le plus court chemin, sans déguisement ni artifice. Il ne visait point à l'esprit quoiqu'il le rencontrât souvent. Tout en soutenant avec chaleur la cause qu'il avait embrassée, il était néanmoins plein d'égards pour l'opinion opposée à la sienne. Jamais une expression malveillante ne se hasardait sur ses lèvres. La rivalité, l'envie, aucune passion basse ou égoïste n'avait accès dans son cœur ; il jugeait les hommes d'après sa droiture naturelle. Unissant la patience à la force, le savoir à la raison, il savait persuader, et, ce qui est plus rare, il savait écouter et céder aux raisons des autres quand on lui avait démontré qu'il était dans l'erreur. Ses observations toujours marquées au coin du bon sens étaient recueillies avec fruit.

De même qu'il se désolait d'une désunion, il se prodiguait pour la faire cesser. Dans les questions de personnes, alliant la fermeté à la modération, avec quel à-propos et quel tact il savait intervenir et évoquer l'esprit de concorde au profit de la conciliation, sans froisser l'amour-propre des parties adverses ?

Ne l'avez-vous pas vu, lorsqu'une discussion s'égarait et menaçait de se prolonger plus que de convenance, avec l'autorité de sa parole, resserrer la question dans ses véritables limites, la dégager de ses obscurités et, par la logique de son raisonnement, la résumer et la clore au gré des désirs de tous ?

Joux était un des médecins consultants les plus recherchés dans son canton, et il justifiait cette confiance par la sûreté de son diagnostic et la droiture de son jugement. Riche d'un savoir étendu et des observations qu'il devait à vingt-cinq années de pratique, ses conseils étaient heureux et ses ressources ingénieuses. Nul, à un degré plus éminent, ne fut animé du sentiment de la solidarité confraternelle. Dans les cas graves ou désespérés, lorsqu'un confrère réclamait l'aide de son expérience, il s'empressait de lui apporter le secours de ses lumières et de venir partager sa responsabilité. Quoique ses procédés fussent pleins de délicatesse, tous lui rendent hautement ce témoignage qu'il ne dévia jamais par faiblesse ou par complaisance ; que son avis était toujours l'expression d'une conviction sincère ; qu'il le formulait avec simplicité et réserve, mais de manière à sauvegarder la position de son confrère. Loin de le déprécier, lorsqu'un client inclinait à lui attribuer tout le mérite d'une cure faite en commun avec un praticien revêtu d'un titre scientifique moins éclatant, il s'en défendait avec vivacité et, par un sentiment de probité professionnelle, il s'empressait d'en restituer tout l'honneur à son collègue.

Sa confraternité ne se traduisait pas seulement dans ses paroles, mais ce qui vaut mieux dans ses actes et dans son cœur. Il pouvait entendre louer un confrère sans que son amour-propre en ressentît le moindre froissement ; enfin, quand on le connaissait, il était difficile de ne pas éprouver pour lui un attrait que l'estime rendait bientôt aussi fort que durable.

Sa modestie égalait son mérite. Bien éloigné de rechercher les applaudissements, il se dérobait aux honneurs et aux louanges comme tous ceux qui en sont vraiment dignes. Jamais dans sa conduite ou dans ses discours, il ne se prévalut de sa supériorité. Quel que fût son mérite personnel, il semblait l'ignorer ; aussi, dans aucun cas, l'amour-propre n'égara son jugement. Mais s'il parlait peu de ses succès, en revanche, il faisait l'aveu de ses revers avec une bonne foi et une franchise qui indiquent l'excellence de son caractère.

Aucun confrère ne fut plus sympathique à nos souffrances professionnelles, ni plus ardent pour la défense de nos intérêts. Joux combattit le charlatanisme sous toutes les formes et à quelque étage social qu'il le rencontrât. Il fut l'auxiliaire ardent, le collaborateur zélé de ces laborieux athlètes de la presse médicale qui ont voué leur vie entière à la régénération et à l'honorabilité de notre noble profession. Il flétrit surtout, avec l'indignation d'une âme honnête, ces médicastres effrontés qui, à grand renfort d'annonces, exploitent la crédulité publique. « Il n'est pas difficile, a-t-il écrit « quelque part, d'emboucher la trompette et de jouer des cymbales. « Le difficile aujourd'hui, c'est de mettre au service de sa profession, « sa conscience, ses forces, son intelligence, et de suivre invaria- « blement la ligne droite ;... et il ajoute : — Je verrai toujours « avec dégoût les mensonges de la quatrième page des journaux, « quand j'aurai consacré mon temps et mes veilles à combattre l'igno- « rance et l'erreur dans les trois premières. »

Et à propos de la loi qui nous a imposé la patente, avec quelle verve humoristique il proteste ! « L'impôt, écrit-il, prélève un « droit sur le mince salaire du médecin pour qu'il sache que sa « science et son art sont mises au rang des trafics les plus mercan- « tiles. On l'a soumis à la prodigieuse coutume de mettre en trafic « la science et la charité et de leur donner cours de marchan- « dise... L'impôt nous a ôté toute illusion, il nous a frappés au « cœur... noblesse ne nous oblige plus. Le médecin patenté est « comme l'épicier qui donne son sucre pour de l'argent... Ce tribut « le déshonore ! ! ! » C'est ainsi, Messieurs, que s'exprimait ce vigilant gardien de la dignité médicale.

Doué d'une âme compatissante, il aimait à secourir les nécessiteux dans leurs besoins, soit qu'il les aidât de sa bourse, soit qu'il leur prodiguât les secours de son art en cas de maladie. Il ne pouvait voir son semblable sous le poids d'un malheur non mérité sans lui offrir aussitôt ses consolations. Sa main libérale n'attendait jamais pour s'ouvrir qu'on implorât sa générosité ; il courait au devant de l'infortune, la devançait, la devinait même pour lui épargner un effort.

Faire le bien n'est pas chose difficile pour ceux qui en ont la douce et enviée puissance. Le mérite est de le faire à propos, avec simplicité et discrétion, sans bruit, obscurément. C'est ainsi que Joux se livrait à la bienfaisance.

Exempt de préjugés, affranchi des préventions du monde, il était aussi indulgent pour les autres qu'il était sévère pour lui-même. Sa connaissance du cœur humain le tenait en garde contre la malignité qui juge sur les apparences.

Bienveillant par nature, il pratiquait le principe de la solidarité humaine, Joux avait la soif du juste. Il embrassait avec passion toute cause légitime et se vouait chaudement à sa défense. Une injustice, fut-elle commise au préjudice de son ennemi, lui causait une émotion si vive, qu'il en était froissé comme si elle lui eut été personnelle, et il souffrait de ne pouvoir se consacrer à la faire réparer.

Dans sa longue pratique médicale, il put apprendre combien la faveur publique est fragile. Il avait semé tant de bienfaits qu'il recueillit beaucoup d'ingratitude. N'avons-nous pas tous éprouvé que rien n'est plus précaire et plus variable que la reconnaissance du client pour le médecin qui l'a rendu à la santé, que les témoignages de gratitude qu'on lui prodigue pendant la convalescence, alors que ses services et son dévouement sont encore récents, s'effacent entièrement de l'esprit du malade dès qu'il a reconquis les forces qui lui permettent de reprendre part à la vie active ? Joux aussi eut à faire cette épreuve ; mais connaissant la mobilité des sentiments humains, il comprit que le médecin qui se froisse lorsqu'il est délaissé par un client qu'il croyait s'être attaché par des services antérieurement rendus, accuse de la faiblesse d'esprit et un grand travers de caractère. L'expérience des choses de la vie l'affranchit bientôt de cette susceptibilité malheureuse, et dès lors sa raison philosophique le mit au-dessus de toutes les déceptions attachées à l'exercice de sa profession.

L'intelligence de Joux — intelligence d'élite — avait de la place pour toutes les lumières comme son zèle du temps pour tous les devoirs. Je vous l'ai montré médecin, chirurgien, agronome ; il était en outre littérateur. Il écrivait dans divers journaux de médecine. Ses articles réunissent plusieurs genres de mérite ; ils sont intéressants, remplis d'ingénieux aperçus, aussi bien pensés que bien écrits, et ils émanent un parfum de science qui en rend la lecture réellement attrayante. Le style accentué, en est à la fois substantiel, nerveux et pittoresque. Ils abondent en réflexions judicieuses : on sent qu'ils sont dictés par une conviction parfaite. Ils attestent d'ailleurs l'indépendance de son caractère, l'étendue de ses lectures et prouvent une érudition de bon aloi.

Joux entretenait une correspondance, non moins profitable à la science qu'à l'amitié, avec un grand nombre de médecins distingués de Paris et des départements, notamment avec messieurs les docteurs Girouard, Bretonneau, Munaret, Caffe, Amédée Latour et tant d'autres dont il recevait des témoignages de la plus vive estime.

Le savant professeur Trousseau l'honorait tout particulièrement de son amitié. Ce sentiment du maître pour son élève était fondé sur la connaissance qu'il avait du mérite scientifique et des qualités du cœur de notre estimable confrère. Joux dût à cette amitié illustre qui n'a jamais été altérée et qui a duré sans interruption jusqu'à sa mort, l'une des joies les plus douces de sa vie.

Malgré l'étendue de cette notice, souffrez, Messieurs, que je ne

la termine pas sans vous parler encore du médecin , puisque c'est
à ce titre que Joux nous intéresse le plus. Ceux d'entre nous, et ils
sont nombreux, qui l'ont vu à l'œuvre, vous diront combien toutes
les maladies lui étaient familières; combien il apportait de conscience et de discernement dans l'observation des faits et de sévère
logique dans leur interprétation. Son diagnostic était d'autant plus
sûr qu'il ne négligeait aucun élément, aucune indication pour l'é-
tablir. Esprit positif, il se tenait à distance de toute exagération et
n'admettait les nouveautés qu'après les avoir soumises au contrôle
de son expérience. Rien n'échappait à son investigation ; il explo-
rait tout de l'œil, de la main et de l'esprit. Mais si grande que fût
sa prudence, elle n'excluait pourtant pas une certaine initiative,
toujours intelligente et bien motivée.

Il avait pour interroger son malade une manière toute à lui,
pleine d'abandon et de sollicitude, qui lui gagnait soudain sa confiance. La voix affectueuse du médecin n'est-elle pas à la fois pour
celui qui souffre un calmant à la douleur présente et une espérance
d'un retour prochain à la santé? Cœur généreux, son dévouement
n'avait pas d'heure ; toujours actif, toujours absolu, il ne subissait
aucune alternative. La nuit comme le jour, quelle que fût la distance à parcourir, que le client fût riche ou pauvre, plus encore
par bonté d'âme que par devoir, il était toujours prêt à lui prêter
assistance et à le consoler. Ses sympathies étaient acquises à tout
être souffrant, mais l'indigent avait surtout des droits imprescripti-
bles à ses préférences. N'est-ce pas quand elle est exercée ainsi,
que la médecine est réellement un sacerdoce ? Se dévouer pour
son semblable, le secourir, l'encourager dans les épreuves difficiles que la maladie lui impose ; rallumer une vie près de s'étein-
dre dans les angoisses de la souffrance et dans celles plus lamen-
tables encore de la misère ; se faire enfin la Providence du malheur,
n'est-ce pas là, messieurs, la plus noble mission qu'il soit donné à
l'homme d'accomplir sur la terre? Et cette mission si grande , si
élevée, nul ne la remplit avec une plus complète abnégation que
notre confrère.

Homme du devoir avant tout , ami de la vérité, Joux était ennemi du faste et de l'éclat. Le seul mobile qu'on lui connût fut
d'acquérir de l'instruction pour la répandre sans orgueil et sans
vanité dans l'intérêt de tous.

Apôtre du progrès, il combattit sans relâche les préjugés et le
mensonge. Esprit indépendant , grand de cœur et de caractère , il
n'a sacrifié à aucune ambition, il prisait au-dessus de sa fortune le
trésor de connaissances qu'il s'était amassé par l'étude et n'enviait
d'autre distinction que celle de l'estime générale.

Si Dieu a fait du travail la loi de la vie, nul ne l'a mieux accom-
plie que notre confrère; jusqu'à sa dernière heure, il a consacré
toutes ses forces et son intelligence au soulagement et au bien-être
de ses semblables.

Si l'on doit honorer les hommes en raison du bien qu'ils font à la société, Joux a droit à la considération publique, car il ne s'inspira jamais que de l'amour exclusif de l'utile.

Voilà, Messieurs, quel fut le collègue qui nous a été enlevé subitement dans toute la maturité de l'âge et du talent. J'ai mis sous vos yeux le tableau de sa vie laborieuse ; je vous ai rappelé ce qu'il fut dans notre société ; quelle influence heureuse il y exerçait ; de quel poids fut son avis en mainte circonstance ; combien son expérience nous fut utile et promettait de nous l'être encore !

Joux ne fut point un des fondateurs de notre association ; mais il était impossible que cet esprit si droit avec le sentiment pratique des choses qui le distinguait, ne sentît pas bientôt les avantages que le corps médical pourrait retirer de son union ; aussi ne tarda-t-il pas à se rallier à nous, et ce fut, on peut le dire, l'une des plus puissantes individualités dont se recruta notre société après sa formation.

La part active qu'il prit à nos séances , son exactitude à s'y rendre, l'importance qu'il attachait à toutes les questions qui s'y agitaient, son dévouement à nos communs intérêts, son zèle à remplir les fonctions dont vous l'aviez revêtu ; ne sont-ce pas là autant de marques évidentes de son ardent désir de resserrer les liens de la confraternité entre tous les membres de la famille médicale ?

A tant de titres, Messieurs, nous devons à ce bon et dévoué collègue le même tribut d'hommages et de gratitude que s'il eut participé à la fondation de notre œuvre. D'ailleurs parmi nous, comme dans la parabole du Divin-Maître, les ouvriers de la dernière heure ont droit au même salaire que ceux venus au point du jour.

Si je me suis complu à vous retracer, un peu longuement peut-être, les qualités du confrère et de l'ami qui laisse un si grand vide parmi nous, vous me le pardonnerez, je l'espère, car quelque bien que j'en dise, je suis sûr que vous le ratifiez pleinement au fond du cœur.

Puissent sa veuve et son enfant trouver un motif de consolation dans la juste considération dont il était entouré parmi nous et dans la sincérité des hommages que nous rendons à sa mémoire.

Pauvre Joux! excellent confrère ! homme vraiment supérieur, qui, par ta présence, honorais nos réunions, et sur l'éloge duquel je ne tarirais pas si je n'écoutais que mon cœur et notre sympathie à tous! Qui nous eût dit, il y a un an à pareil jour, que nos mains serraient la tienne d'une dernière étreinte !... Au revoir, à septembre, nous disais-tu !... mais hélas ! l'homme propose et Dieu dispose !!!

FIN.

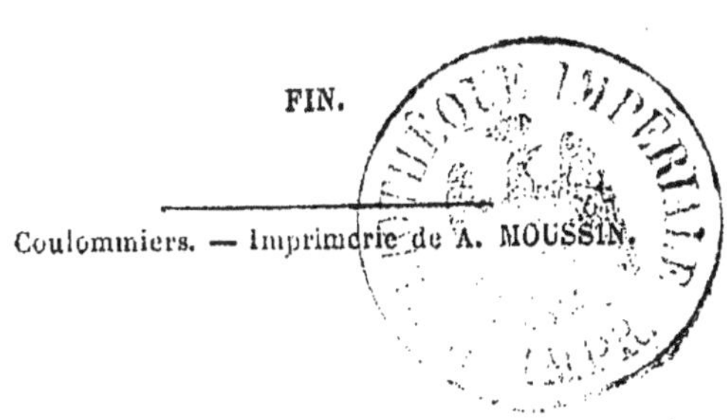

Coulommiers. — Imprimerie de A. MOUSSIN.